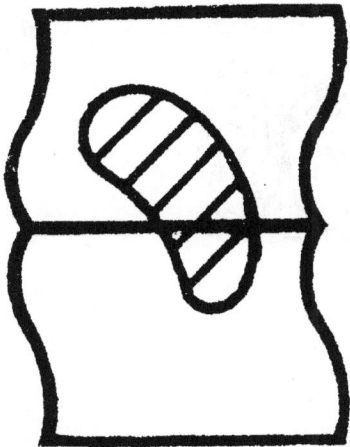

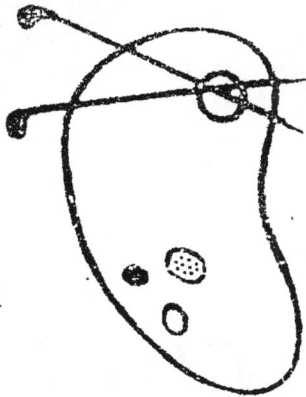

BIBLIOTHÈQUE DE LA JEUNESSE CHRÉTIENNE

SÉRIE PETIT IN-12

LA
SAINT-NICOLAS

PAR

JUST GIRARD

TOURS

Ad MAME ET Cie, IMPRIMEURS-LIBRAIRES

BIBLIOTHÈQUE DE LA JEUNESSE CHRÉTIENNE

SÉRIE PETIT IN-12

AUBERGE DU CHEVAL-BLANC (l'), ou l'Enfant volé; par Just Girard.

BERGER D'ARTHONAY (le); par Étienne Gervais.

BOUQUETIÈRE ET L'OISELEUR (la), suivi de: André; la petite Colombe; le petit Pêcheur de varechs; par Mme Élisa Frank.

CÉLESTINE, ou la Jalousie d'une sœur; par Mme Marie-Ange de B***.

DEUX ADOPTIONS (les); par Mme A. Grandsard.

DICK MORTON, suivi des Souvenirs du Sahara algérien; par Mme Élisa Frank.

FOIRE AUX PAINS D'ÉPICES (la); par Étienne Gervais.

HEUREUSE FAMILLE (l'), Récit d'un voyageur, suivi de: la Harpe et l'Anneau de Merlin; le Trésor; Frank Landher; par Mme Élisa Frank.

JAMES ET BETZY, suivi de: la Pêche à marée basse, l'Enfant des mécaniques; un Œuf de Pâques; un Tableau allemand; par Mme Élisa Frank.

LÉGENDES BRETONNES; par Mme Vattier.

LOUIS ET PAUL, ou le Portrait d'une mère; par l'abbé Veyrenc.

NIÈCE DE L'ÉMIGRÉ (la); par Mme Marie-Ange de B***.

ORPHELIN DU CHOLÉRA (l'); par Étienne Gervais.

PAUVRE DE SAINT-MARTIN (le); par Mme Jenny Lefébure.

SAINT-NICOLAS (la); par Just Girard.

TRANSTÉVÉRINE (la), suivi de: une Famille française dans l'intérieur de l'Afrique; une Journée qui commence mal; par Mme Élisa Frank.

UN TABLEAU DE LA SAINTE VIERGE; par Just Girard.

ZOÉ, ou la Méchanceté punie; par Stéphanie Ory.

BIBLIOTHÈQUE

DE LA

JEUNESSE CHRÉTIENNE

APPROUVÉE

PAR Mᵍʳ L'ARCHEVÊQUE DE TOURS

—

SÉRIE PETIT IN-12

A la vue du garde, Paul pâlit, laissa tomber le lièvre
et resta tout tremblant. (P. 88.)

LA
SAINT-NICOLAS

PAR

JUST GIRARD

Le bien d'autrui tu ne prendras
Ni retiendras à ton escient.

Les Commandements de Dieu.

TOURS

ALFRED MAME ET FILS, ÉDITEURS

—

1876

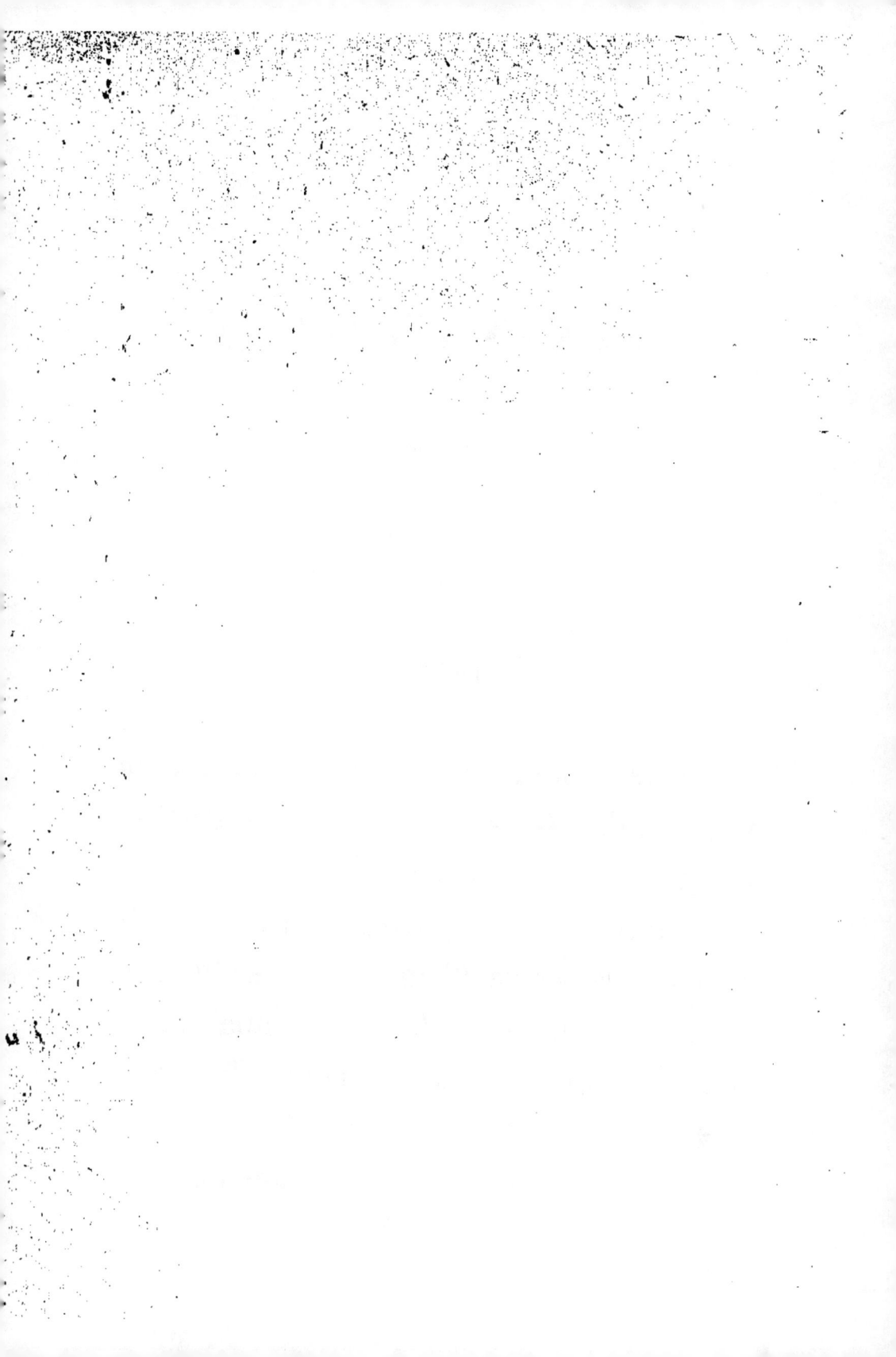

LA

SAINT-NICOLAS

I

Projet de fête.

« Savez-vous, maman, dit Ferdinand en rentrant de l'école, que c'est d'aujourd'hui en quinze la Saint-Nicolas?

— Oui, je le sais, » répondit un peu sèchement la veuve Blomet, qui s'attendait bien que la demande de son fils allait amener une demande d'argent pour célébrer la fête.

Un peu déconcerté par le ton de cette

réponse qui ne lui présageait rien de bon, Ferdinand hésita un instant; puis, prenant un air câlin, il dit à sa mère en l'embrassant : « Mais ce que vous ne savez pas, ma bonne petite maman, c'est qu'il est question de faire une grande réjouissance pour ce jour-là; il y aura un pique-nique, où chacun fournira un plat ou paiera son écot. Tous mes meilleurs camarades en seront : Alexis Madurier, Paul Dubuisson, Louis Mayet, Émile Blomet, mon cousin, et beaucoup d'autres qu'il est inutile de vous nommer. Après le dîner, il y aura la lanterne magique; hein? c'est-y ça qui sera joliment amusant, sans parler des marrons et du vin blanc bourru ! Enfin les camarades m'ont demandé si je voulais être des leurs, je leur ai répondu que je ne demandais pas mieux, mais que je ne pouvais rien promettre avant de vous en avoir parlé.

— Tu as bien fait, mon fils, de ne pas

t'engager ainsi légèrement; car, malgré le désir que j'aurais de te voir t'amuser ce jour-là avec tes camarades, je ne sais si je pourrai fournir à la dépense que cela occasionnera. Tu n'ignores pas, mon enfant, que nous sommes loin d'être riches; nous sommes même, depuis la mort de ton pauvre père, dans un état voisin de la misère; et cet état durera jusqu'à ce que tu sois en âge de gagner toi-même quelque chose; malheureusement ce n'est pas de sitôt, puisque tu n'as encore que onze ans et demi. En attendant, il faut que je travaille des journées entières et souvent une partie des nuits pour subvenir aux frais de notre nourriture, de notre entretien à tous deux, au paiement du loyer, à l'achat de tes livres et de tes cahiers, et à une foule d'autres dépenses indispensables; aussi ai-je bien de la peine à joindre les deux bouts. Tu vois donc, mon enfant, que ce n'est pas mauvaise volonté de ma part, si je ne puis te donner de quoi contribuer à votre fête; je t'assure que cela m'afflige bien plus encore que cela ne peut te contrarier toi-même; mais que veux-tu, mon pauvre Ferdinand, quand on n'est pas riche, il faut s'accoutumer de bonne heure à savoir se priver d'un plaisir superflu; trop heureux encore quand on ne manque pas du nécessaire! »

Quoiqu'il n'eût que onze ans et demi, comme nous venons de l'apprendre, Ferdinand Blomet était doué de beaucoup de raison et de bon sens pour son âge; il sentit parfaitement la justesse des observations de sa mère; et il comprit qu'il ne devait pas insister pour ne pas augmenter l'affliction réelle qu'éprouvait cette bonne mère de ne pouvoir répondre au désir de son fils. « Eh bien! ma petite maman, fit-il avec un soupir de résignation, puisque cela ne se peut pas, n'en parlons plus. Seulement, ne vous affligez pas trop en pensant que notre position durera bien longtemps encore. Dans six mois je ferai ma première communion, et Alexis Madurier m'a dit que son père me prendrait, aussitôt après, comme apprenti dans la fabrique où il est contre-maître, et qu'au bout de trois mois je gagnerais cinquante centimes par jour, puis soixante-quinze trois autres mois après, et un franc au bout d'un an.

— Je désire de tout mon cœur que cela réussisse ; mais il ne faut pas se flatter d'avance : Alexis est ton ami, vous êtes voisins et camarades d'enfance ; il est bien possible qu'il ait combiné tout cela dans sa tête à l'insu de son père, et dans l'espoir de te conserver plus longtemps auprès de lui. Sans doute il ne serait pas étonnant que M. Madurier, qui était l'ami de défunt ton pauvre père, fît quelque chose en ta faveur ; mais, quoique je le voie de temps en temps et que je le consulte pour mes affaires, car c'est un homme juste, sensé et d'une grande probité, jamais il ne m'a parlé de ce projet. D'ailleurs il n'est pas tout à fait le maître; au-dessus de lui, il y a le régisseur et les patrons. Dans tous les cas, s'il peut te rendre service, il le fera, j'en suis sûr; seulement, comme je te l'ai dit, il ne faut jamais se flatter d'avance, de peur d'éprouver des regrets quand ce que l'on attendait ne réussit pas.

— Oh! oui, vous avez raison, maman; cependant laissez-moi espérer; c'est une si bonne chose que l'espérance!

— Dieu me garde, mon ami, de vouloir te l'ôter, cette consolation des malheureux! A ton âge, avec du travail, de la bonne conduite et la crainte de Dieu par-dessus tout, on a toujours le droit d'espérer. Seulement, ce dont je veux tâcher de te garantir, c'est de la présomption, qui nous donne de nous-même une opinion trop avantageuse, et qui nous fait croire que tout nous réussira sans effort et sans travail. »

La conversation en demeura là. Ferdinand, après son souper, se mit, selon son habitude, à faire ses devoirs et à préparer ses leçons pour la classe du lendemain. Il ne parla plus à sa mère du projet formé pour fêter la Saint-Nicolas; et, quand l'heure fut venue, il fit sa prière, embrassa sa mère et se coucha tout aussi gaiement qu'à l'ordinaire.

La veuve Blomet était vivement touchée de cette résignation de son fils. S'il eût insisté, comme tant d'autres l'auraient fait à sa place avec opiniâtreté, s'il eût montré de la mauvaise humeur, son refus aurait peut-être moins coûté à sa mère; mais en voyant tant de soumission, son cœur maternel fut profondément ému. Elle le regarda pendant quelque temps avec des yeux mouil-

lés de larmes, en se disant à elle-même :
Non, il ne sera pas dit que je t'aurai privé
d'une récréation innocente à laquelle tu es
tout aussi digne de participer qu'Alexis Madurier, que ton cousin Émile, et que tous
tes autres camarades. S'ils sont plus riches
que toi, ils sont loin de te valoir, j'ose m'en
flatter, sous le rapport de la conduite, de la
docilité et de l'application. Hélas! pourquoi
faut-il que je sois si pauvre!... Après tout,
cela ne doit pas être bien coûteux, puisque
Paul Dubuisson, dont le père est si avare,
quoique le plus riche de tous, fait partie de
la société... Eh bien, dussé-je vendre quelque chose, je veux que mon Ferdinand en
soit aussi; je n'en serai pas plus pauvre au
bout de l'année... Vendre quelque chose,
c'est aisé à dire : mais quoi? Je n'ai rien,
absolument rien que le strict nécessaire...
Mais il me vient une idée... Et elle se
mit à réfléchir quelques instants. Oui, c'est

cela, on pourra s'arranger? j'y penserai cette nuit; car, dit-on, la nuit porte conseil. Là-dessus elle alla se coucher.

Le lendemain matin, la veuve Blomet se leva de bonne heure. Il paraît qu'elle avait mûri son idée. Elle éveilla son fils, et lui dit en l'embrassant : « Ferdinand, j'ai réfléchi que, sans faire de dépense au-dessus de nos moyens, tu pourrais prendre part au pique-nique de la Saint-Nicolas.

— Vrai, maman? s'écria l'enfant tout joyeux, en sautant au cou de sa mère; et comment ferez-vous? dites-le-moi vite, je vous prie.

— Puisqu'il s'agit d'un repas où chacun doit fournir son plat, voici ce que j'ai imaginé : nous avons quatre lapins, le père et la mère, et les deux petits, qui sont presque aussi gros que les autres; je songeais déjà depuis quelque temps à m'en défaire, parce que voici l'hiver, où ils nous coûteront beaucoup à nourrir, attendu qu'il n'y aura plus d'herbe dans les champs, et qu'il me faudra acheter de quoi leur donner à manger ; eh bien, je tuerai les deux jeunes, dont je ferai une excellente gibelotte : ce sera ton contingent pour le pique-nique. Je vendrai ensuite les deux gros au prochain marché, et avec cet argent, ou seulement une partie de cet argent, tu pourras fournir ta quote-part du surplus de la dépense.

— Oh ! merci, maman, merci mille fois, dit Ferdinand en embrassant de nouveau sa mère. C'est justement aujourd'hui que l'on doit se réunir pour décider ce que chacun fournira ; je leur ferai part de votre projet, et j'espère qu'il sera approuvé. »

II

Les lapins de Ferdinand.

A son retour de l'école, Ferdinand était radieux. Il avait été proclamé le premier de sa classe, et il rapportait une belle croix d'argent suspendue à la boutonnière de sa veste par un ruban rouge, qui le faisait presque ressembler à un décoré de la Légion d'honneur. Après avoir reçu les caresses et les félicitations de sa mère sur son heureux succès, Ferdinand s'écria joyeusement : « Ce n'est pas tout, maman chérie ; les

camarades ont trouvé charmante l'idée de
la gibelotte, surtout accommodée par vous;
car vous passez dans le pays pour une
très-habile cuisinière, à ce que dit Paul
Dubuisson.

— C'est bien de l'honneur que me fait
M. Paul; cela prouve qu'il a conservé la
mémoire des repas qu'il faisait ici quand il
y venait avec son père du temps de mon
pauvre défunt, ce qui arrivait plus souvent
qu'à son tour; mais toi, tu ne peux pas te
rappeler le goût de la cuisine de chez M. Dubuisson; car on ne t'a jamais fait la poli-
tesse de t'inviter, lorsque par hasard, ce
qui était du reste assez rare, on invitait ton
papa.

— Oh! c'est que j'étais si jeune alors!
Songez donc que Paul a deux ans de plus
que moi; il a quatorze ans échus, et moi
je n'en ai pas encore douze.

—Tu as raison, mon enfant, de défendre

ton ami, ce n'est pas moi qui t'en blâmerai. Oh! non, ajouta-t-elle mentalement, je ne veux pas détruire tes illusions; tu as bien le temps d'apprendre à connaître les hommes et d'en éprouver de cruelles déceptions! Maintenant, reprit-elle tout haut, que tout est convenu, il faudra que tu t'occupes, pendant tes heures de récréation, de soigner tes lapins et de tâcher de leur procurer de bonne herbe, qu'il faudra aller chercher un peu loin, le long du ruisseau du Val-des-Prés, auprès des sources de la Braîne.

— Soyez tranquille, maman, je me charge de cette besogne avec plaisir, et j'espère que je m'en acquitterai bien. C'est justement demain jeudi, j'irai avec quelques-uns de mes camarades aux sources de la Braîne, et je vous garantis que nous rapporterons une provision suffisante pour les nourrir pendant huit jours. »

Le lendemain et les jours suivants, Fer-

dinand s'occupa avec tant de zèle du soin de
ses lapins, qu'au bout d'une dizaine de jours
on remarquait qu'ils étaient sensiblement
engraissés. Il en était si content, qu'il les
faisait voir à ses camarades, tout en cau-
sant des préparatifs de la Saint-Nicolas. Son
ami, Alexis Madurier, qui aidait souvent à
Ferdinand à aller chercher de l'herbe ou à
distribuer la nourriture à ces animaux, finit
par prendre un goût décidé pour l'éducation
des lapins. « Tiens, dit-il un jour à Ferdinand, puisque ta mère a l'intention de se
défaire des deux plus vieux, je les lui achèterai, mais à une condition, c'est que, comme
nous n'avons pas de place à la maison pour
les mettre, tu les garderas dans la petite cour
où ils sont; tu m'aideras à les soigner, et
nous partagerons les lapereaux qui en pro-
viendront. Ça te va-t-il?

— Parfaitement; mais ton père y con-
sent-il?

— C'est lui-même qui m'a dit de t'en faire la proposition, et il a ajouté que s'il trouvait à son gré le couple que ta mère veut vendre, il le paierait de quatre à cinq francs.

— En ce cas, je vais en parler à maman, et si elle y consent, c'est une affaire arrangée. »

La veuve Blomet acquiesça sans peine à une proposition si avantageuse, et déjà Alexis, dans son impatience d'être propriétaire d'un beau couple de lapins, parlait d'aller chercher l'argent chez son père pour terminer le marché. « Non, mon ami, reprit la veuve, cela ne s'arrange pas ainsi; on n'achète pas plus lapin que chat en poche; rien ne peut se conclure avant que votre père ait vu la marchandise dont il veut faire emplette et déclaré qu'elle lui convient, et aux conditions dont vous avez parlé.

— Mais mon père est très-occupé dans ce moment, et il ne pourra pas venir avant dimanche prochain.

— Ce n'est qu'un retard de quatre jours, et cela ne peut rien changer à vos projets, puisque la Saint-Nicolas ne tombe que de jeudi en huit. »

Il fallut bien en passer par là. En attendant, Alexis et Ferdinand faisaient les plus beaux projets sur leur future association. Ils en parlaient un jour en présence de plusieurs de leurs camarades qui ne faisaient qu'en rire, un seul excepté; c'était Paul Dubuisson. « Vous savez tort, dit-il aux rieurs, de vous moquer d'Alexis et de Ferdinand; rien n'est plus avantageux que d'élever des lapins, et mon père a dans sa bibliothèque un livre qu'il m'a montré une fois et qui est intitulé : *l'Art d'élever des lapins et de s'en faire trois mille francs de rente.*

— Tu devrais bien nous prêter ce livre, dit en riant Ferdinand.

— Je le veux bien, mais à condition que vous m'admettrez dans votre société.

— Nous verrons cela quand elle sera formée, reprit Alexis d'un ton sec; jusqu'à présent elle n'est qu'en projet.

— Eh bien! promettez-moi de m'y admettre quand elle sera définitive.

— Tu le demanderas à mon père et à Mme Blomet, et s'ils y consentent, nous te recevrons sans difficulté. »

Quand Ferdinand et Alexis se trouvèrent seuls, le premier dit à l'autre : « Sais-tu que tu as parlé un peu rudement à ce pauvre Paul? Si cependant son livre pouvait nous apprendre comment on pourrait se faire trois mille francs de rente en élevant des lapins, cela vaudrait la peine d'y penser.

— Bah! est-ce que tu crois à ces balivernes? Pour moi, Paul m'a toujours fait

l'effet d'être un hâbleur et un écornifleur,
et, si nous le recevions dans notre société, il
voudrait avoir tous les profits sans y rien
mettre du sien. D'ailleurs parlons-en à mon
père, il nous dira bien ce qu'il faut faire. »

Ferdinand fut de cet avis, et le soir même
les deux amis parlèrent à M. Madurier de
la proposition de Paul Dubuisson et de son
fameux livre. Il les écouta en riant; puis,
s'adressant à Ferdinand, qui, plus jeune
qu'Alexis, était aussi plus crédule, il lui dit :
« Alexis a raison, mon ami, de ne pas vouloir s'associer avec Paul; il le voudrait que
moi je m'y opposerais, parce que c'est un
jeune homme dont la société ne vous convient ni à l'un ni à l'autre; je vous engage
à le fréquenter le moins possible, et à
n'avoir avec lui que des relations indispensables entre jeunes gens qui sont de la
même classe. Quant au livre dont il vous a
parlé, sois bien persuadé, mon cher Fer-

dinand, que si la recette qu'il enseigne avait
l'efficacité annoncée sur le titre, il y a longtemps que le père Dubuisson, qui est un vieil
avare, en aurait fait usage, et que sa basse-
cour, sa ferme du Bois-Joly et toutes ses
autres propriétés regorgeraient de lapins;
mais apparemment qu'il a reconnu l'inuti-
lité du procédé, puisqu'il s'est bien gardé
de le mettre en pratique. Ne songez donc
pas, mes enfants, à faire de l'éducation de
vos lapins un objet de spéculation impossible, ni à bâtir là-dessus des châteaux en
Espagne comme la laitière de la fable avec
son pot au lait; contentez-vous des petits
profits que vous en retirerez, sans vouloir
les étendre au delà de leurs justes limites,
et n'y voyez qu'une récréation agréable et
utile, qui exigera même de vous des soins,
de l'ordre et du travail. Demain matin,
mon cher Ferdinand, j'irai voir ta mère, et
nous arrêterons ensemble les bases de la

1*

société *Alexis et Ferdinand*, qui, commen-
cée avec des lapins, pourra peut-être un jour
s'appliquer à des objets plus importants et
plus sérieux. »

Ferdinand prit congé de M. Madurier, et
vint raconter à sa mère sa visite chez le père
d'Alexis. « C'est un bien brave homme que
M. Madurier, dit la veuve ; tu ne pourras
que profiter des bons conseils qu'il te donnera ; son fils est un excellent sujet, formé
à l'école de son père : je suis bien aise que
tu l'aies pour ami, et je désire de tout mon
cœur que tu conserves soigneusement l'amitié du fils et la bienveillance du père. »

Ferdinand, avant de se coucher, alla faire
une visite à ses lapins pour s'assurer si tout
était en ordre, et leur donner de la litière
fraîche pour la nuit. Le lendemain, dès
qu'il fut levé et qu'il eut fait sa prière, il
courut à la loge ou clapier où il les tenait
enfermés, afin de la nettoyer convenable-

ment avant l'arrivée de M. Madurier. Mais quel fut son désappointement! la porte de la cage était ouverte, et il n'y avait plus de lapins dans l'intérieur. Il pensa d'abord qu'ils étaient blottis dans quelque coin de la petite cour où se trouvait la loge; il les chercha partout en vain, et bientôt il fit une découverte qui acheva de le déconcerter : il trouva la porte de la cour entr'ouverte; nul doute, les lapins étaient sortis par là. Où les chercher maintenant? Cette porte donnait sur une petite ruelle déserte qui d'un côté aboutissait à une rue du bourg, et de l'autre se continuait, en longeant des jardins bordés de haies, jusqu'à la prairie voisine, qu'elle traversait sous la forme d'un sentier conduisant à un petit taillis nommé la Garenne. S'ils s'étaient sauvés du côté de la rue, ils avaient pu être étranglés et dévorés par des chiens, ou emportés par des passants; s'ils s'étaient dirigés de l'autre

côté, ils avaient pu pénétrer dans les jardins
à travers les haies, ou bien gagner le petit
bois, où ils trouveraient facilement à se
loger dans les nombreux terriers, aujour-
d'hui vides pour la plupart, mais jadis peu-
plés de nombreux animaux de leur espèce;
ce qui avait fait donner à ce bouquet de bois
le nom qu'il portait : dans l'un et l'autre
cas, les lapins de Ferdinand pouvaient bien
être considérés comme perdus. C'est ce que
pensa tout d'abord celui-ci : cependant il
fit quelques pas, comme pour l'acquit de sa
conscience, dans l'une et l'autre direction;
puis il vint tout en larmes raconter sa mésa-
venture à sa mère.

Tandis que la veuve Blomet, tout aussi
affligée elle-même que son fils, cherchait à
le consoler, M. Madurier et Alexis arrivèrent
pour conclure la fameuse association dont la
première mise de fond devait être un couple
de lapins.

Alexis était entré gaiement le premier en disant : « Bonjour, madame Blomet, bonjour, Ferdinand, voici papa qui vient comme il l'a promis...; » mais il s'arrêta court en voyant les larmes qui inondaient le visage de son ami et la tristesse répandue sur celui de sa mère. « Eh bien ! qu'y a-t-il de nouveau ? qu'as-tu donc à pleurer ainsi, Ferdinand ? » Celui-ci ne répondit à cette question que par des sanglots redoublés.

Pendant ce temps-là, M. Madurier s'était approché de la veuve, et lui demandait avec intérêt la cause de leur douleur à tous deux. Elle s'empressa de lui raconter le malheur arrivé à son fils. « Allons, mon garçon, dit-il en s'adressant à Ferdinand, faut-il t'affliger ainsi pour si peu de chose ? Songe donc que tu seras bientôt un homme, et qu'à ton âge il ne convient pas de pleurer comme un enfant pour la perte d'un joujou, d'un oiseau, d'un lapin ou d'autres bagatelles de

ce genre. » Le pauvre enfant n'osait pas
dire que la perte de ses lapins n'entrait que
pour une faible part dans la cause de sa
douleur, mais que le véritable motif de ses
regrets était de ne pouvoir plus participer
au banquet et aux réjouissances de la Saint-
Nicolas avec ses camarades. La mère com-
prenait bien la véritable cause des larmes
de son fils, mais elle se garda bien de la
révéler; car elle craignait de dévoiler aux
yeux d'un étranger, quoique ce fût un ami,
son extrême pauvreté, qui ne lui permettait
pas de venir en aide à son fils en cette circonstance. Ce sentiment peut s'appeler la
pudeur de la pauvreté. M. Madurier, qui ne
connaissait pas les pensées intimes de ses
interlocuteurs, continua à donner à Ferdinand les consolations qu'il crut les plus
propres à le calmer. « Eh bien! après tout,
si tes lapins sont perdus, ce n'est pas une
perte irréparable; il n'en manque pas au

marché d'autres qui les valent bien. Notre projet d'association tient toujours, et, si tu ne retrouves pas les premiers, j'en achèterai qui les vaudront bien, et je te les confierai aux mêmes conditions; seulement il faudra bien prendre garde de les laisser échapper de nouveau : car n'y aurait-il pas eu un peu de ta faute dans cette circonstance? n'aurais-tu pas négligé de t'assurer si les portes étaient bien fermées?

— Je crois me rappeler d'avoir fermé la porte de la loge aux lapins avec la clavette en bois, comme je le faisais toujours. Quant à la porte de la cour, je l'ai ouverte à midi pour rentrer par là une brassée d'herbes; je crois l'avoir refermée au loquet, mais je n'oserais affirmer que j'ai poussé le verrou; peut-être même le loquet n'était-il pas tombé, et alors le vent aura pu ouvrir la porte.

— Allons, dit M. Madurier, jeter un

coup d'œil sur les lieux, je comprendrai mieux tes explications, et puis nous aviserons, s'il est nécessaire, aux moyens de mieux assurer la clôture pour l'avenir; car, malgré le proverbe qui dit qu'il est trop tard de fermer l'écurie quand le cheval est volé, il est toujours bon d'en consolider la fermeture, pour empêcher qu'on ne vole une autre fois le cheval qui remplacera le premier. »

Ils se rendirent aussitôt tous les quatre dans la petite cour. M. Madurier, après avoir fait recommencer à Ferdinand ses explications, examina avec soin la manière dont se fermaient la porte de la loge et celle de la cour; il porta ensuite ses investigations sur le mur de clôture du côté de la ruelle; ce mur était peu élevé et assez mal entretenu. Il remarqua des dégradations récente sur le chaperon, et immédiatement au-dessous, dans une excavation formée par l'enlèvement d'un moellon, on voyait les traces d'un bout de soulier ferré qui avait laissé l'empreinte de ses clous et d'une boue grasse qui y était attachée ; en dedans de la cour, et juste au-dessous de la partie dégradée du chaperon, on reconnaissait facilement l'empreinte de deux souliers ferrés. Après avoir fait longtemps ces observations en silence, profitant d'un moment où Alexis et Ferdinand s'étaient dirigés du côté de la prairie pour chercher encore s'ils feraient quelque découverte, M. Madurier fit remarquer à la veuve les traces qu'il avait observées, puis il lui dit : « Je suis porté à croire, je dirais même, je suis convaincu que votre fils n'est point coupable de négligence, mais que vous avez été victime d'un vol.

— Je l'avais déjà pensé, Monsieur ; mais je n'ai pas osé lui faire part de mes soupçons.

— Vous avez très-bien fait ; il faut se

garder d'éveiller dans l'esprit des enfants
des idées de cette nature, qui les por-
teraient peut-être à soupçonner telles ou
telles personnes, peut-être même un de
leurs camarades, ce qui pourrait produire
les effets les plus fâcheux. Contentons-nous
donc pour le moment de constater les faits,
laissant au temps la découverte du coupable. Tenez, Madame, ajouta-t-il en lui
montrant l'excavation dont nous avons
parlé, il est évident que le voleur a mis là
le bout de son pied, comme un cavalier le
met dans l'étrier ; — en même temps il sai-
sissait des deux mains le chaperon du mur,
et s'élevait ainsi sur ce mur comme sur le
dos d'un cheval ; — puis ayant passé les deux
jambes de l'autre côté, il a sauté dans la
cour à l'endroit où vous pouvez voir encore
l'empreinte de ses pieds. Une fois là, rien
n'a été plus aisé que d'ouvrir la cage, de
prendre les lapins, puis de ressortir par la

porte, dont il a tiré le verrou de l'intérieur.

— C'est pourtant vrai, il n'est pas possible que cela se soit passé autrement. Mais
qui donc, grand Dieu! peut s'être exposé à
commettre un pareil délit pour une si mince
valeur?

— Ajoutez même : un délit qui, par les
circonstances aggravantes dont il est en-
touré, escalade, la nuit, dans une maison
habitée, prend le caractère d'un crime, pas-
sible d'une condamnation sévère devant la
cour d'assises. Quant à l'auteur de ce mé-
fait, rien jusqu'ici ne peut nous mettre sur
ses traces d'une manière même conjecturale;
tout ce que je puis supposer, c'est que ce doit
être un homme d'une taille au-dessus de la
moyenne, puisqu'il a dû atteindre avec ses
mains le faîte du mur en même temps qu'il
posait le pied dans cette excavation; qu'il
doit être doué de beaucoup d'agilité et de

souplesse, ce qui fait supposer qu'il est encore jeune; mais ces indices sont très-vagues, et ne sauraient arrêter mes soupçons sur tel individu plutôt que sur tel autre. Du reste, ce n'est pas mon affaire, ce sera celle de la justice quand vous lui aurez porté plainte.

— Comment! Monsieur, vous croyez que je dois porter plainte pour cela?

— Oui, Madame, je le crois, parce qu'on doit, autant qu'on le peut, ne pas laisser impunie une action coupable qui dénote dans celui qui l'a commise une audace peu commune et les penchants les plus pervers. Si c'est un jeune homme, il pourra peut-être encore s'amender; si c'est un homme déjà avancé dans le crime, il est bon d'en débarrasser la commune. Aussi je vous conseille d'aller dès ce matin porter votre plainte au commissaire de police, pendant que je retiendrai Ferdinand chez moi, où je vais l'emmener avec Alexis ; car il ne fiut pas, comme nous l'avons dit, parler encore de nos soupçons à nos enfants. »

Sortant ensuite dans la ruelle, M. Madurier appela les deux garçons, qui continuaient à explorer les haies. « Allons, mes enfants, leur dit-il quand ils se furent approchés, vous perdez votre temps à chercher, car il est probable que vos déserteurs sont bien loin. Ferdinand, tu vas venir déjeuner avec Alexis, j'en ai prévenu ta mère, qui y consent ; nous irons ensuite tous les trois à la grand'messe ; car il ne faut pas, mes enfants, ajouta-t-il en souriant, que la perte de vos lapins vous fasse oublier que c'est aujourd'hui dimanche, et vous empêche d'accomplir le troisième commandement de Dieu. »

III

Il ne suffit pas de faire le bien, il faut encore
savoir le faire.

Mme Madurier aimait beaucoup Ferdinand ; elle parut fort touchée de sa mésa-
venture, causa quelque temps avec lui, et
employa pour le consoler ces moyens déli-
cats que les femmes connaissent si bien.
Tandis que son ami s'entretenait avec sa
mère, Alexis, qui, lui aussi, avait deviné la
véritable cause du chagrin de son ami, dit
à son père : « Tu ne sais pas, papa, ce qui
attriste le plus le pauvre Ferdinand ? Eh

bien, c'est l'impossibilité où il se voit de fournir sa quote-part pour la fête de saint Nicolas. Il ne me l'a pas dit; mais je suis sûr de ne pas me tromper.

— Je pense effectivement que tu ne te trompes pas. Dès le jour où tu m'as parlé du projet que la mère Blomet avait de vendre ses lapins, j'ai compris qu'elle n'avait pas d'autre moyen de payer la dépense qu'occasionnerait à son fils votre réunion pour la fête des écoliers. J'aurais désiré lui épargner ce sacrifice en me chargeant moi-même de cette dépense, et en payant la part de Ferdinand avec la tienne; mais j'aurais craint d'humilier cette brave femme, qui a connu des jours plus heureux, et qui a conservé, dans la position gênée où elle se trouve aujourd'hui, une certaine fierté qu'il faut bien prendre garde de blesser. C'est pour cela que j'ai offert d'acheter ses lapins à un prix beaucoup plus élevé qu'elle ne l'eût trouvé

au marché, et qu'en même temps, pour ne
pas priver Ferdinand de l'amusement que
lui procurait l'éducation de ces animaux,
j'ai imaginé de les lui laisser en garde, en
t'associant avec lui, et aux conditions que
tu connais. Maintenant qu'il les a perdus,
et avec eux le moyen de participer à la fête,
je conçois parfaitement son chagrin.

— Mais, papa, puisque tu avais déjà l'intention de payer pour lui, ne pourrais-tu
pas le faire encore? Je serais vraiment désolé que ce cher ami ne fût pas de la fête,
j'aimerais mieux renoncer moi-même à la
partie.

— Je suis plus disposé que jamais à payer
la part de Ferdinand, surtout d'après ce qui
vient d'arriver. Seulement, il ne faut pas
que cela ait l'air de venir de moi; c'est toi
qui la lui offriras comme provenant d'argent
à toi appartenant, et tu ne mentiras pas,
car je te donnerai une somme suffisante

pour payer largement votre dépense à tous deux. De ma part cela lui paraîtrait peut-être extraordinaire : car à quel titre pourrais-je lui offrir de l'argent? De quelque manière que je m'y prenne, j'aurais toujours l'air de lui faire l'aumône ; mais de ta part c'est bien différent : tu lui fais cette offre à titre d'ami, de camarade ; entre amis, ce sont de ces petits services que l'on se rend mutuellement à l'occasion, car entre eux le cœur et la bourse doivent être également ouverts. C'est ce que tu auras soin de lui faire observer, si lui ou sa mère faisait par hasard quelque difficulté d'accepter, et même tu pourras ajouter que tu ne lui donnes cet argent qu'à titre d'avance sur les futurs bénéfices de votre association.

— Merci, papa, j'espère que comme cela tout ira bien ; je ne vois même pas, je l'avoue, pourquoi tu juges nécessaire de prendre tant de précautions. Ferdinand et moi ne sommes-nous pas comme deux frères ? Tu nous l'as dit bien des fois : est-ce qu'entre frères on a besoin de tant se gêner pour se rendre un service ?

— Ce n'est pas à cause de Ferdinand que je juge ces précautions nécessaires, c'est à cause de sa mère, à qui il rend compte, en enfant bien élevé, de tout ce qu'il fait, de tout ce qui lui arrive, et il n'acceptera même pas ce que tu lui offriras sans sa permission ; or, pour qu'elle l'accorde, ou tout au moins pour qu'elle n'en soit pas humiliée, blessée peut-être, il faut user de ces ménagements, par le motif que je t'ai dit tout à l'heure. A ton âge, tu ne comprends pas encore, et même bien des personnes beaucoup plus âgées que toi ne comprennent pas combien, en de certains cas, il faut mettre de délicatesse et d'attention dans la manière de rendre un service, d'apporter un secours à ceux qui sont dans le besoin.

Rappelle-toi, mon ami, qu'il ne suffit pas de faire le bien, mais qu'il faut encore savoir le faire; et que souvent les procédés qu'on emploie en doublent la valeur. »

. . . .

. . . .

Les caresses de Mme Madurier, les paroles bienveillantes de son mari, et la franche cordialité d'Alexis, dissipèrent peu à peu le chagrin de Ferdinand. On déjeuna gaiement et de bon appétit; puis M. Madurier et les deux amis se rendirent à la messe paroissiale, en même temps que Mme Madurier, qui y conduisait ses deux filles, enfants de six à huit ans.

Ferdinand était pieux, et il entendit la messe avec dévotion; cependant nous n'oserions pas répondre que le souvenir de la perte de ses lapins ne lui causât pas de temps en temps quelques distractions. A son âge, —e est bien pardonnable : nous en connais-

sons plus d'un qui sont plus âgés, qui par
conséquent devraient être plus raisonnables,
et qui cependant s'abandonnent facilement
pendant les offices à des distractions plus
coupables et souvent pour des causes encore
plus futiles.

Après la grand'messe, la plupart des
élèves de l'école se retrouvèrent sur la place
de l'église, et apprirent le malheur arrivé
le matin à Ferdinand. Ils lui en firent sincèrement leur compliment de condoléance ;
car il était aimé de tous ses camarades.
Louis Mayet, gros joufflu de douze à treize
ans, face rieuse, qu'on avait surnommé
Roger-Bontemps à cause de son insouciance
et de sa bonne humeur, lui dit d'un ton
moitié sérieux, moitié plaisant : « Eh bien !
mon pauvre Ferdinand, voilà donc tes
lapins envolés, et avec eux les trois mille
francs de rente qu'ils devaient te rapporter,
au dire de Paul Dubuisson ; j'en suis bien

contrarié, pour toi d'abord, mais ensuite pour nous, qui y perdons la fameuse gibelotte que tu devais fournir. Je connais surtout quelqu'un qui en sera désolé ; c'est ce cher Paul, ajouta-t-il en frappant sur l'épaule du jeune Dubuisson, qui faisait partie du groupe, lui qui est fou de gibelotte et qui comptait si bien se régaler de celle qu'aurait accommodée Mme Blomet. Hein ! mon pauvre Popol, qu'en dis-tu ? Avoue que tu vas passer une triste Saint-Nicolas maintenant que tu seras privé de ton mets favori. »

Paul Dubuisson, ainsi interpellé, répondit d'assez mauvaise humeur : « Si j'aimais autant la gibelotte que tu le dis, il ne tiendrait qu'à moi d'en manger et même de remplacer celle que Ferdinand ne pourra plus fournir pour le pique-nique ; car moi aussi j'ai des lapins.

— Et depuis quand ? interrogea Louis.

— Depuis... depuis hier matin, répondit

Paul en hésitant un peu; j'en ai acheté
deux couples.

— Pourquoi donc alors ne pas nous régaler d'une gibelotte, que tu aimes tant,
puisque tu peux le faire si facilement?

— Parce que je me propose de fournir
pour ma part un civet de lièvre, comme je
l'avais promis, sous condition toutefois, car
je n'étais pas bien sûr alors de pouvoir le
faire, mais aujourd'hui je suis en mesure.

— Je t'en fais mon compliment. Peste!
du civet! mais c'est beaucoup plus distingué
que de la gibelotte; cependant je la regrette,
car moi aussi je l'aime beaucoup; et si
j'étais à ta place, je sais bien ce que je ferais.

— Et que ferais-tu?

— Eh bien! je donnerais un couple de
lapins à Mme Blomet, qui nous en ferait une
excellente fricassée; cela nous ferait un plat
délicieux de plus, et cela dédommagerait le

pauvre Ferdinand de la porte qu'il a faite aujourd'hui.

— Non, dit vivement Ferdinand, je ne le souffrirais pas : pourquoi veux-tu que Paul me fasse un cadeau?

— Mais s'il voulait te les vendre, reprit Alexis Madurier, on les lui paierait un bon prix : voyons, combien en veux-tu de tes deux lapins?

— Je ne veux ni les donner ni les vendre, je les garde : tu m'as bien refusé l'autre jour de me recevoir dans votre société; chacun son tour.

— Ah! tu as de la rancune? je ne te connaissais pas encore ce petit défaut-là; c'en est un de plus à ajouter aux autres; n'en parlons plus.

— Mais ne vois-tu pas, s'écria Louis Mayet en riant, qu'il veut se faire à lui tout seul trois mille francs de rente avec ses lapins? Égoïste, va! — Tiens, comme tu me regardes de travers maintenant, mon petit Popol : est-ce parce que je t'ai appelé égoïste? Eh bien, je te jure de ne jamais te donner ce nom si tu veux nous promettre de nous régaler tous d'une bonne gibelotte... le jour où tu auras réalisé tes mille écus de rente. Tu vois que je ne suis pas exigeant, et que je te donne du temps, hein ? »

Tous les jeunes gens éclatèrent de rire à cette boutade de Louis, et se séparèrent en gagnant chacun leur demeure.

IV

Ce que trouva Ferdinand en cherchant
ses lapins.

Alexis voulait emmener Ferdinand dîner
avec lui ; — car dans la petite ville de pro-
vince où se passe notre histoire on dîne
encore à midi dans la classe ouvrière ; les
bourgeois seuls dînent à cinq ou six heures
du soir ; — mais Ferdinand ne voulut pas
accepter, sous prétexte que sa mère l'attendait et serait inquiète si elle ne le voyait
pas rentrer comme d'habitude immédiatement après la grand'messe. Alexis n'insista

pas, et les deux amis se séparèrent en se donnant rendez-vous pour le soir après vêpres.

Ferdinand raconta à sa mère toutes les bontés que M. et Mme Madurier avaient eues pour lui. « Je n'en suis pas étonnée, dit la veuve, car il y a longtemps que je les connais pour de vrais amis ; je n'en suis pas moins heureuse de voir qu'ils te continuent l'amitié qu'ils ont toujours eue pour ton père et pour moi, et je les en remercierai bien sincèrement la première fois que je les verrai. »

Ce qui fit surtout plaisir à la mère fut de voir son fils à peu près consolé du grand chagrin dont il avait été si fort affecté dans la matinée. Pour achever de le distraire, elle l'engagea, après leur modeste dîner, à profiter du beau temps pour aller faire un tour de promenade ; puis il viendrait la reprendre, et ils iraient ensemble à l'office du soir, car, n'ayant entendu qu'une messe basse le matin, elle était bien aise d'assister au moins aux vêpres et au salut.

Ferdinand partit. Il sortit par la porte de la petite cour qui donnait sur la ruelle que nous connaissons ; il dirigea sa promenade du côté de la prairie, conduit presque à son insu par le vague espoir de découvrir des traces de ses lapins. Le ciel était pur et le soleil brillant, comme il arrive quelquefois, mais rarement, en cette saison de brumes et de frimas. Entraîné par la beauté du temps, il prolongea son excursion jusqu'à l'entrée du petit bois appelé la Garenne, qui faisait autrefois partie du parc dépendant du château voisin ; mais à l'époque de la première révolution le parc et son enceinte avaient été saccagés, et quand M. le marquis de Grosbois, ancien seigneur de ce château, était rentré dans ce domaine, il

avait relevé le mur de clôture de son parc ;
seulement il avait laissé en dehors de la
nouvelle enceinte le petit bois ou la Garenne,
qu'il se proposait de défricher et de mettre
en terres labourables ou en prairies artifi-
cielles. Ce projet ne fut exécuté qu'en partie, de sorte qu'il resta toujours une certaine
étendue de terrain en friche et couvert de
broussailles et de bouquets de bois plus ou
moins touffus. Cette espèce de taillis offrait
une retraite assez tranquille au menu gibier, grâce à la surveillance active des
gardes de M. le marquis ; ce qui n'em-
pêchait pas toujours les déprédations de
certains braconniers de la petite ville voisine.

La Garenne était traversée par un sentier
correspondant presque en ligne droite avec
celui qui s'étendait à travers la prairie jusqu'à la ruelle de la maison habitée par la
veuve Blomet. Ce chemin était le plus direct

pour les piétons qui se rendaient de la ville au château ou du château à la ville ; il leur épargnait le long détour qu'il fallait faire si l'on prenait l'avenue qui aboutissait perpendiculairement à la route départementale conduisant à la ville. C'était ce chemin que suivait Ferdinand, lorsque, arrivé à une faible distance de la lisière du petit bois, il aperçut Paul Dubuisson, qui paraissait engagé dans une conférence importante avec un nommé Blondin, garçon de seize à dix-sept ans, connu de toute la ville pour se livrer au braconnage et à toutes sortes d'industries suspectes. Comment se fait-il, se dit-il en lui-même, que Paul fréquente un jeune homme qui passe pour être un si mauvais sujet? Je serais au désespoir d'être rencontré en pareille société.

En faisant ces réflexions, il s'apprêtait à revenir sur ses pas, lorsque tout à coup il aperçut au pied d'un chêne quelque chose

qui brillait, au soleil, d'un éclat métallique.
La curiosité l'emporta sur le désir d'éviter
la rencontre de Paul Dubuisson et de son
acolyte; d'ailleurs il pensa que la conversation intéressante qu'ils paraissaient avoir
entre eux ne leur permettrait pas de faire
attention à lui. Il s'approcha donc de l'objet
qui attirait ses regards, et reconnut bientôt
que c'était un joli petit porte-monnaie en
maroquin vert, garni d'un fermoir en acier
poli, dont l'éclat avait frappé ses yeux. Il
se baissa pour le ramasser, en ayant soin
de tourner le dos aux deux interlocuteurs,
qui n'étaient qu'à cinquante à soixante pas
de lui; il l'entr'ouvrit, et aperçut dans les
compartiments plusieurs pièces d'or et d'argent; il le referma aussitôt, le mit dans sa
poche, et se disposa à s'en retourner.

« Tiens! fit tout à coup Blondin en in-
terrompant ce qu'il disait à Paul, que fait
là votre camarade Ferdinand? Est-ce qu'il

aurait par hasard découvert mes collets [1] ?

— Oh ! je ne le crois pas ; il ne sait seulement pas ce que c'est.

— C'est égal, je ne m'y fie pas ; je l'ai vu tout à l'heure se baisser tout près d'une de mes passes où j'ai tendu plusieurs collets ; je vais y jeter un coup d'œil. Pendant ce temps-là, tâchez de le faire jaser, pour savoir s'il se doute de quelque chose.

— Hé ! Ferdinand ! cria Paul, tu t'en retournes déjà ! tu ne veux pas m'attendre ?

— Je n'ai pas le temps ; d'ailleurs tu es en société, et je suis très-pressé ; ma mère m'attend. »

Et, tout en parlant ainsi, il allongeait le pas pour s'éloigner, tandis que Paul sem-

---

1 On donne le nom de *collets* à des espèces de lacs ou de lacets, formant un nœud coulant pour prendre le gibier. Ce genre d'engin est sévèrement prohibé par les lois sur la chasse, et n'est guère employé que par les braconniers de profession.

blait vouloir se rapprocher de lui. « Par quel hasard, continua Paul tout en marchant, es-tu venu te promener de ce côté-ci? Est-ce que d'aventure tu y cherchais tes lapins?

— Peut-être.

— Tu perds ton temps, car il est probable qu'ils sont bien loin, s'ils ont toujours voulu courir ; mais, puisque tu as intention d'en racheter, que ne t'adresses-tu à Blondin? Il t'en fournira à très-bon marché ; c'est lui qui m'a vendu les miens. »

Blondin, qui arrivait en ce moment, fit à Paul un signe qui voulait dire : Tout va bien. Et, continuant la phrase de Paul, il ajouta en s'adressant à Ferdinand avec une sorte de ricanement cynique : « Et si le cœur vous en dit, monsieur Blomet, parlez, faites-vous servir; c'est l'heure, c'est le moment : voulez-vous lapins ou lièvres, cailles ou perdrix? Il y a de tout dans ma boutique, et je vous en fournirai autant que vous voudrez en échange de votre vaisselle de poche, si vous en avez. Sur ce, monsieur Blomet, je vous prie d'en faire part à vos amis et connaissances, et, en attendant, de recevoir mes très-humbles salutations. » En achevant ces mots, Blondin retourna du côté du petit bois avec Paul, en lui disant : « A-t-il l'air nigaud, votre camarade !... Une bonne farce que j'ai envie de lui faire, si vous vouliez, ce serait de lui revendre ses propres lapins, qu'il paierait peut-être un bon prix, et avec le bénéfice je vous en fournirais de pareils, qui ainsi ne vous coûteraient rien.

— Oh ! non, ce serait trop s'exposer ; et s'il venait à les reconnaître ?

— Bah ! est-ce que les lapins ne se ressemblent pas tous, comme les ânes à la foire ?

— Mais non, puisque, quand vous me les

avez présentés ce matin, je vous ai dit tout
de suite : Ils ressemblent à ceux de Ferdinand, qu'il nous a fait voir il y a quelques
jours. A quoi vous m'avez répondu que
ce pouvait bien être les siens, mais que,
dans tous les cas, les ayant trouvés au
bout de la ruelle des jardins, rien ne prou-
vait que ce les fût effectivement, et que
c'était une épave qui vous appartenait de
droit.

— Et cela est vrai : si je ne les avais pas
recueillis, ils seraient en ce moment dans
quelque terrier de la Garenne, et par conséquent tout aussi bien perdus pour Ferdinand qu'ils le sont maintenant : ne vaut-il
pas mieux dans ce cas qu'ils aient fait mon
profit et le vôtre. »

Paul sentait bien tout ce qu'avait de
louche un pareil raisonnement, et de sca-
breux une pareille morale ; mais comment
contester, après l'adhésion qu'il avait don-

née ? Il se contenta de répondre : « C'est égal, je ne veux pas que vous lui offriez mes lapins à acheter, je craindrais trop de me compromettre. J'ai déjà dit tantôt, pour détourner les soupçons, que je les avais achetés hier, et il ne faudra pas me contredire si par hasard on venait à me questionner là-dessus.

— Comme vous voudrez, cela m'est égal. Puisque vous êtes si peureux, ne parlons plus de la bonne farce que j'avais imaginée, et allons visiter nos collets. Je vous garantis qu'avant la fin de la journée nous aurons une demi-douzaine de perdrix et un ou deux lièvres ; ainsi vous aurez de quoi offrir un magnifique civet à vos camarades.

— Oui, mais ce genre de chasse est défendu, et, malgré tout ce que vous me dites depuis une heure pour me rassurer, je tremble que nous ne soyons rencontrés par un garde.

— Bah! si vous avez toujours peur, vous
ne pourrez jamais faire de bonne besogne.
Écoutez ce que dit le code la *Cuisinière bour-
geoise,* qui est plus ancien que le code forestier et même que le code pénal : « Si vous
« voulez faire un civet, *prenez* un lièvre. »
Il faut donc commencer par le prendre, et
c'est ce que nous allons faire. » Et il se mit
à siffler un air de chasse en se dirigeant du
côté de ses collets.

Pendant que Blondin et *son apprenti,* —
comme le braconnier appelait Paul Dubuisson, — cherchaient à *prendre* le premier
élément d'un civet, Ferdinand se hâtait, de
toute la vitesse de ses jambes, de retourner
à la maison. En le voyant entrer, sa mère
remarqua sur sa figure une émotion extraordinaire. « Qu'as-tu donc, mon garçon?
lui demanda-t-elle avec inquiétude.

— Tenez, maman, dit-il d'un air joyeux,
voilà ce que je viens de trouver sous le gros

chêne à l'entrée de la Garenne. » Et il lui donna le porte-monnaie.

La veuve se hâta de l'ouvrir, et découvrit dans les divers compartiments trois pièces d'or de vingt francs, deux de dix francs, deux de cinq, et huit francs cinquante centimes en petite monnaie d'argent : en tout, quatre-vingt-dix-huit francs cinquante. Outre cette somme, elle trouva dans un compartiment séparé, et enveloppé dans un papier de soie, un petit médaillon en or garni de perles fines, et renfermant une mèche de cheveux. Après avoir examiné silencieusement cet objet et compté l'argent, elle remit soigneusement le tout dans le porte-monnaie, en observant de replacer l'or, l'argent et le médaillon dans les compartiments qu'ils occupaient, puis elle le ferma en disant : « Mon Dieu ! que la personne qui a perdu cela doit être inquiète ! C'est probablement quelqu'un du château :

2*

as-tu vu ou rencontré dans ta promenade
quelqu'un qui pourrait avoir fait cette perte?

— Non, je n'ai rencontré que Blondin le
braconnier, vous savez? qui était avec Paul
Dubuisson, et je ne pense pas que ce soit
l'un d'eux qui ait perdu ce porte-monnaie.

— Je ne le pense pas non plus; mais Paul
a choisi là une singulière société. T'ont-ils
vu ramasser le porte-monnaie?

— Non, maman; ils ont cru que j'étais
venu là pour chercher mes lapins, et je me
suis bien gardé de leur parler de ma trouvaille; d'ailleurs j'avais grande hâte de vous
l'apporter, et en route je me disais : Mon
Dieu! si j'avais cet argent, je pourrais payer
la Saint-Nicolas à tous mes camarades, et
même la lanterne magique; c'est cela qui
me ferait honneur! Puis je donnerais à
maman ce joli médaillon; je lui achèterais
un ruban, et elle le porterait suspendu à
son cou...

— Fi ! peux-tu avoir eu d'aussi coupables pensées ! s'écria la veuve d'un air sévère et chagrin tout à la fois. Quoi ! tu as eu l'idée de t'approprier cet argent, et tu as pu croire que ta mère consentirait à porter un bijou qui ne lui appartiendrait pas !

— Mais, maman, ne vous fâchez pas, reprit Ferdinand en rougissant jusqu'au blanc des yeux, je ne vous dis pas que je voulais m'approprier cet argent, puisque je vous l'apportais ; seulement c'était une supposition que je faisais si j'étais le maître d'en disposer.

— A la bonne heure ; mais c'était déjà une mauvaise pensée qui t'était inspirée par l'esprit du mal, et qu'il fallait rejeter de ton esprit au lieu de t'y arrêter comme tu l'as fait. »

Comme elle avait prononcé ces mots d'un ton plus radouci, Ferdinand s'enhardit, et lui dit : « Mais, maman, je croyais que quand on trouvait quelque chose on avait droit sinon à la totalité, du moins à une partie de la trouvaille.

— Et pourquoi? Penses-tu que si quelqu'un a trouvé les lapins que tu as perdus ce matin, il a le droit de les garder tous, ou seulement un ou deux?

— Je ne dis pas; mais quand on ne connaît pas la personne qui a perdu ce qui a été trouvé?

— Est-ce une raison pour s'approprier ce que l'on sait être le bien d'autrui?

— En ce cas faut-il laisser l'objet où on l'a découvert? aurais-je dû laisser ce porte-monnaie au pied du gros chêne?

— Non, mon ami; il fallait le ramasser comme tu l'as fait, non dans la pensée de t'en emparer, mais de le garder jusqu'à ce que tu aies découvert le propriétaire, pour le lui rendre aussitôt. Agir autrement, mon enfant, c'est enfreindre le septième commandement de Dieu, qui nous défend de prendre le bien d'autrui et de le garder *à notre escient;* en un mot, c'est commettre un VOL. »

A ce mot, sur lequel elle appuya avec intention, Ferdinand rougit de nouveau, et, repoussant du côté de sa mère le porte-monnaie, que celle-ci avait placé sur une table à côté d'elle, il lui dit d'une voix émue : « O maman, je vous en prie, hâtons-nous de découvrir la personne à qui appartient ce porte-monnaie; il me tarde d'en être débarrassé; emportez-le, je ne veux plus y toucher...., il me brûlerait les doigts.

— Bien ! mon garçon, dit la mère en l'embrassant tendrement, j'aime à te voir dans ces sentiments; nous allons immédiatement nous débarrasser de cet objet, de peur qu'il n'excite encore en toi de nouvelles tentations ou même de mauvaises pensées.

— Oh ! quant à cela, maman, ne craignez rien ; mais c'est égal, veuillez, je vous en prie, nous en délivrer au plus tôt.

— Viens ! » dit la mère ; et, mettant le porte-monnaie dans sa poche, elle prit son fils par la main, et elle sortit avec lui de la maison.

V

Les deux veuves.

La veuve Blomet se rendit directement à la cure, et demanda à parler à M. le curé. Introduite immédiatement dans le cabinet du pasteur, elle lui raconta ce qui venait d'arriver à son fils, et lui remit le porte-monnaie en disant : « Mon fils et moi nous avons hâte de retrouver la personne qui a perdu cet objet, afin de le lui rendre. J'ai pensé que le meilleur moyen était de le dé-poser entre vos mains, en vous priant de

vouloir bien annoncer à l'issue des vêpres ,
ou dans tout autre moment que vous jugerez
convenable, que vous en êtes dépositaire et
que vous êtes prêt à le remettre à la personne
qui justifiera d'en être propriétaire. Comme
c'est aujourd'hui la Saint-François-Xavier,
l'un des patrons de la paroisse, il y aura
beaucoup de monde à l'office, et si par hasard cette personne ne s'y trouve pas, elle
ne pourra manquer de l'apprendre par quelques-uns de ceux qui y auront assisté.

— Je ne puis qu'applaudir à votre déter-
mination de chercher les moyens les plus
prompts de rendre l'objet trouvé par votre
fils ; mais pourquoi ne vous chargez - vous
pas vous - même de faire cette restitution ?
La personne à qui vous la feriez serait bien
aise de vous en témoigner sa reconnaissance et...

— C'est précisément ce que je veux éviter,
interrompit la veuve Blomet ; ce que je fais

n'est que l'accomplissement du plus simple devoir, et je vous avoue que je serais honteuse d'être pour cela l'objet de témoignage de gratitude ou de me voir offrir quelque récompense. Aussi, monsieur le curé, si je me suis adressée à vous, c'est parce que je désire ne pas être connue, et que je sais que vous me garderez le secret.

— Je le garderai, puisque vous y tenez ; cependant permettez-moi de vous faire observer que si la personne qui a perdu ce porte-monnaie est riche, ce qui est probable à en juger par le contenant et le contenu, elle voudra certainement savoir au moins si la personne qui l'a trouvé est riche elle-même ou pauvre, je ne pourrai pourtant pas lui dire que vous êtes riche, et dans ce cas elle insistera pour me laisser quelques marques de souvenir afin que je vous les transmette. Il est bien, sans doute, de remplir son devoir, non en vue d'une récompense, mais uniquement parce que c'est son devoir. D'un autre côté, il ne faut rien exagérer, et l'on peut, sans blesser la morale la plus scrupuleuse, accepter ce qui nous est offert dans certaines circonstances, comme dans celle-ci, par exemple; je dirai même plus, il y aurait peut-être dans ce cas une fierté déplacée à refuser une somme probablement très-minime pour la personne qui la donnera, et qui, dans la position où vous êtes, peut vous être d'une grande utilité pour vous et votre enfant.

— Je m'en rapporte à vous, monsieur le curé; tout ce que vous ferez sera bien fait; cependant je désire que si l'on donne quelque chose ce soit pour mon fils; car c'est lui qui a trouvé le porte-monnaie, et non pas moi; enfin je vous prie surtout de ne nous nommer ni l'un ni l'autre.

— C'est entendu; vous pouvez être tranquille. Au revoir, ma brave femme. Au re-

voir, mon petit ami, sois toujours bien sage,
apprends bien ton catéchisme, afin que je te
trouve en mesure quand je ferai les examens
pour la première communion ; du reste,
M. le vicaire m'a dit qu'il était content de
toi ; ainsi j'espère que tout ira bien. »

Au moment où la veuve Blomet et son fils
prenaient congé de M. le curé, Madeleine,
sa domestique, entra pour lui annoncer la
visite de Mme la marquise de Grosbois.
Cette annonce hâta le départ de Ferdinand
et de sa mère, qui se rencontrèrent dans
l'escalier avec la noble marquise.

En sortant de la cure, Ferdinand, après
s'être arrêté un instant pour regarder le
brillant équipage et les beaux laquais en
livrée de Mme de Grosbois, demanda à sa
mère la permission d'aller rejoindre son
ami Alexis ; elle y consentit sans difficulté,
mais en lui recommandant expressément de
ne parler à personne, pas même à Alexis,

de la trouvaille qu'il avait faite, ni de leur visite à M. le curé. Ferdinand le promit, et ils se séparèrent.

La marquise, après s'être assise dans le fauteuil que M. le curé s'empressa de lui offrir, expliqua en ces termes l'objet de sa visite. « Je vous demande mille pardons, mon cher pasteur, de venir vous déranger pour une bagatelle, mais à laquelle pourtant j'attache un grand prix. Voici de quoi il s'agit. Ce matin j'ai chargé ma femme de chambre de porter à l'horloger-bijoutier de cette ville un médaillon pour ressouder l'anneau ou en mettre un autre. Je lui ai recommandé de prendre le plus grand soin de ce bijou, auquel je tiens beaucoup, non à cause de sa valeur intrinsèque, mais parce qu'il contient des cheveux de mon fils, mort en Algérie, lors de la conquête de ce pays par le maréchal de Bourmont. « Oh! me dit-« elle, ne craignez rien, Madame, je vais,

« de peur de le perdre, le mettre dans mon
« porte-monnaie. — Mais faites attention,
« repris-je, vous avez de l'argent dans votre
« porte-monnaie, et, en le tirant pour payer
« les diverses emplettes que vous avez à
« faire, vous pourriez bien laisser tomber
« mon médaillon. — La première chose que
« je ferai, me répondit-elle, en arrivant
« en ville, sera de porter votre médaillon
« chez le bijoutier, et je ne ferai mes em-
« plettes qu'après. » Sur cette assurance,
je la laissai partir. Mais voilà qu'à midi elle
rentre au château toute désolée; elle n'ose
pas se présenter devant moi; c'est le valet
de chambre qui vient me compter le malheur arrivé à Julie. Elle avait perdu son
porte-monnaie avec tout son argent et mon
médaillon; comme elle ne s'est aperçue de
cet accident qu'en arrivant chez l'horloger,
il est probable qu'elle l'aura perdu dans le
trajet du château à la ville, trajet qu'elle a

fai, par le sentier de la prairie. Elle est re-
venue sur ses pas; elle a parcouru de nouveau, avec attention, tous les endroits par
où elle avait passé, et elle n'a rien trouvé.
Plusieurs de mes gens se sont livrés aux
mêmes investigations, et n'ont pas été plus
heureux : d'où je conclus que le porte-
monnaie a été trouvé par quelques-uns des
rares passants qui parcourent ce chemin.
Toutes recherches de cette nature me pa-
raissant désormais inutiles, j'ai pensé qu'il
ne me restait d'autres moyens de rentrer
dans la possession de mon médaillon que
d'offrir une forte récompense à la personne
qui l'a trouvé et qui me le rendra. Ainsi
je donnerai d'abord toute la somme que
contenait le porte-monnaie : bien entendu
je la rembourserai à Julie, car la pauvre
fille est déjà assez malheureuse de ce qui lui
est arrivé; j'y ajouterai ensuite une cen-
taine de francs, c'est-à-dire, trois fois au

moins la valeur du médaillon, qui certes
serait vendu au plus trente francs, quoiqu'il
ait coûté le double; de cette manière, celui
qui l'a trouvé aura plus d'avantage à me le
rendre qu'à s'en défaire auprès de quelque
brocanteur ou de quelque juif. Maintenant
il s'agit d'annoncer cette récompense avec la
plus grande publicité possible; or c'est dans
cette intention que je suis venue vous trouver, pour vous prier de m'accorder la permission de faire afficher immédiatement cet
avis aux portes de votre église, pendant
que le tambour de ville le répètera dans
tous les carrefours, et même plusieurs
fois sur la place de l'église à la sortie des
vêpres.

— Il me semble, Madame, que vous of-
frez un prix bien élevé pour la simple restitution d'un objet qui vous appartient, et qui
en bonne justice doit vous être rendu sans
rétribution ni récompense.

— Un prix bien élevé, dites-vous? mais songez que pour moi cet objet n'a pas de valeur appréciable, et je donnerais dix fois plus encore pour le ravoir.

— Eh bien, Madame, cela ne vous coûtera pas si cher : voilà le porte-monnaie avec tout ce qu'il renfermait, et la personne qui l'a trouvé ne réclame rien pour elle. »

La marquise prit le porte-monnaie, s'empressa de l'ouvrir, en tira le médaillon, qu'elle couvrit de baisers en disant d'une voix émue : « O monsieur le curé, que vous me rendez heureuse! c'est là tout ce qui me reste de mon cher Alfred, de mon fils aîné! Veuillez, je vous prie, me faire connaître la personne à qui je dois d'avoir recouvré ce précieux objet, afin que je puisse lui témoigner toute ma reconnaissance.

— Madame, ce serait avec plaisir que je le ferais; mais cette personne désire rester inconnue, et j'ai promis de garder le secret.

— Mais, monsieur le curé, je ne puis pourtant pas rester avec le poids d'une pareille obligation sur le cœur, et il faut bien que vous m'aidiez à m'en soulager.

— Je ne demande pas mieux, Madame, et, si vous me le permettez, je crois pouvoir vous en indiquer les moyens. D'abord, je dois vous dire que cette personne est loin d'être dans l'aisance : c'est une veuve qui n'a d'autre ressource pour vivre que son travail.

— C'est une veuve, dites-vous ! et moi aussi je suis veuve, et à ce titre elle m'intéresse davantage. A-t-elle des enfants?

— Elle n'a qu'un fils, qui est un des meilleurs sujets de l'école communale, et qui se prépare en ce moment à faire sa première communion; c'est lui qui a trouvé le porte-monnaie; il s'est empressé de le porter à sa mère, qui à son tour est accourue chez moi me le remettre en me priant d'annoncer à l'église que la personne qui l'avait perdu pouvait venir le réclamer à la cure, mais en me suppliant de ne pas la faire connaître, et en ajoutant qu'elle n'accepterait rien à titre de récompense.

— Serait-ce par hasard cette femme et cet enfant que j'ai rencontrés dans l'escalier en montant chez vous?

— Oui, Madame.

— Quel dommage que je n'aie fait attention à la figure ni de l'un ni de l'autre! il me serait impossible maintenant de les reconnaître; seulement je crois me rappeler que la mère était vêtue de noir, et que l'enfant a les cheveux blonds. Et pourquoi cette femme désire-t-elle ne pas être connue?

— Par un sentiment de délicatesse que vous comprendrez, Madame. Elle est pauvre, mais elle ne demande pas l'aumône; en rendant à celui qui l'a perdu un objet trouvé par elle ou par son fils, elle accomplit un

devoir de conscience. « Je ne suis pas riche,
« me disait-elle il n'y a qu'un instant; mais
« je serais honteuse d'être pour cela l'objet
« de témoignages de reconnaissance, ou de
« me voir offrir une récompense pour une
« action si simple et si naturelle. » J'ai eu
toutes les peines du monde à lui faire en-
tendre qu'elle ne devait pas refuser au moins
quelque bagatelle pour son fils à titre d'en-
couragement.

— Oui, Monsieur, je comprends toute la
noblesse, toute la délicatesse de pareils sentiments, trop rares, hélas! aujourd'hui, et je
me garderai bien de les froisser. Ma conduite
à l'égard de cette femme et de son enfant
est désormais toute tracée. Je n'ai pas besoin
de vous demander de renseignements sur
sa probité, ce qu'elle vient de faire en est
un témoignage assez éclatant. Quant à ses
autres qualités ou à ses défauts, pouvez-vous
m'en dire quelque chose? Vous comprenez

dans quel but je vous fais cette question ;
ce n'est pas pour satisfaire une vaine curiosité.

— J'en suis persuadé ; aussi je vous ré-
pondrai franchement que cette femme n'est
pas sans doute exempte de défauts : qui n'en
a pas parmi nous tous, enfants d'Adam. Mais
ses défauts sont couverts et largement com-
pensés par d'éminentes qualités. Je ne vous
en ferai pas l'énumération ; mais je me con-
tenterai de vous dire qu'elle est chrétienne
fervente ; qu'elle connaît et pratique sa reli-
gion sincèrement, exactement, sans négligence comme sans ostentation, et qu'elle
élève avec soin son fils dans les mêmes prin-
cipes.

— Bien, très-bien ; je n'en demande pas
davantage ; maintenant voyons ce que je
pourrai faire pour cette intéressante famille.... »

Ici la marquise fut interrompue par l'arrivée de Madeleine annonçant que Mlle Julie, la femme de chambre de Mme la marquise, désirait lui parler sur-le-champ pour affaire importante.

Mais avant de faire connaître à nos lecteurs ce que Mlle Julie avait à dire à sa maîtresse, il est nécessaire que nous racontions ce qui s'était passé à la Garenne après la trouvaille faite par Ferdinand.

VI

Ce que trouvèrent les gardes de Mme la marquise
en cherchant le porte-monnaie de Mlle Julie.

Dès que Mlle Julie eut raconté au château
la perte qu'elle avait faite, plusieurs domes-
tiques, et entre autres deux gardes, se mi-
rent à fouiller le petit bois. Ils ne trouvèrent
pas de porte-monnaie par la raison que nos
lecteurs connaissent; mais ils découvrirent
bon nombre de collets tendus en différents
endroits. « Attention, Saint-Hubert, dit un
des gardes à son camarade, voici une piste
qui nous annonce la présence dans le petit

bois d'une espèce de gibier dont la poursuite
nous appartient de droit. Veillons au grain,
et laissons pour le moment la recherche du
porte-monnaie de Mlle Julie, malgré la belle
récompense promise par Mme la marquise à
celui qui le trouvera.

— Tu as raison, Labroussaille, et même
nous pourrions bien faire coup double; j'ai
idée que si nous n'avons pas trouvé le porte-
monnaie, malgré les renseignements bien
clairs fournis par Mlle Julie, c'est que quelqu'un avait déjà mis la main dessus, or ce
quelqu'un-là ne serait-il pas précisément le
même individu qui a tendu ces collets? de
sorte qu'en mettant la main dessus, nous
courrions aussi la chance de mettre la main
sur le porte-monnaie.

— Fameux, mon cher Saint-Hubert, fameux ce que tu dis là! Oui, ton idée est
excellente, et nous n'avons rien de mieux
à faire qu'à nous mettre en quête sur-le-

champ. On m'a dit qu'on avait vu ce matin Blondin rôder par ici en compagnie d'un autre plus jeune que lui; ce sont eux probablement qui ont fait le coup. Mais il faut beaucoup d'attention; car ce Blondin est un rusé coquin, fin comme un renard, et léger comme un chevreuil.

— On en a pincé de plus malins que lui, et rien qu'avec Finaud je me chargerais de le forcer à la course ou de le prendre au gîte, à volonté. Mais pendant que nous bavardons le temps se passe; allons, faut nous mettre tout de suite en chasse. Toi tu vas gagner le Carrefour-du-Renard, puis tu rabattras sur la Coulée-aux-Champignons; c'est là que nous nous rejoindrons, et que nous devons trouver notre gibier à cette heure, si mon flair ne me fait pas défaut. »

Labroussaille obéit aussitôt aux ordres de son chef; car Saint-Hubert était brigadier. En même temps celui-ci appela : « Finaud!

Finaud ! » Un gros chien d'arrêt arriva aussitôt en remuant la queue, et en regardant son maître comme s'il eût voulu lui demander ce qu'il désirait. Saint-Hubert lui fit flairer les collets, puis les pas encore empreints sur la terre et qui se voyaient à côté, puis il lui dit à demi-voix : « Allons, cherche ! cherche ! » A l'instant le chien, baissant le nez, se mit silencieusement en quête, et s'enfonça sous bois dans un sentier à peine tracé dans le taillis. Son maître le suivit à quelques pas et sans le perdre de vue.

Au moment où les gardes *se mettaient en chasse*, selon leur expression, Blondin et Paul visitaient leurs lacets. Ils ne trouvèrent rien dans les douze premiers. « Pas de chance aujourd'hui ! dit Blondin ; jamais ces douze-là ne m'ont manqué tous ensemble, et à c'te heure chou blanc ! Voyons le treizième ; mais j'y ai pas grande confiance à ce maudit numéro treize ; jamais il

n'a rien valu... Oh! mais qu'est-ce que je
dis? voyez-vous ce magnifique lièvre pris
dans mon numéro treize? Ah! pour le coup
le voilà réhabilité. » Et en disant ces mots
il releva son lacet, dans lequel un très-beau
lièvre, qui se débattait encore, était pris par
le cou. Blondin l'acheva d'un coup de poing,
et le présenta à Paul : « Hein! lui dit-il,
j'espère que celui-là fera votre affaire? mais
je ne peux pas vous le laisser à moins de
trois francs.

— Comment! trois francs! vous m'aviez
dit que ce serait deux francs ou deux francs
cinquante centimes au plus.

— Oui, mais je ne comptais que sur un
levraut ordinaire, tandis que ceci est un
maître lièvre de première force; puis faut
bien que je me dédommage des lapins de
ce matin, que je ne vous ai vendus que
quarante sous les quatre, c'est-à-dire dix
sous pièce, tandis qu'ils valaient plus du

double ; ajoutez que je ne compte rien pour l'apprentissage que je vous ai fait faire de la manière de tendre des collets. Enfin il me faut aujourd'hui ma pièce ronde de cent sous : c'est à prendre ou à laisser. Voyons, décidez-vous.

— Il faut bien en passer par où vous voulez. Tenez, voilà vos cent sous, ajouta Paul en lui comptant cinq francs en petite monnaie. Maintenant comment faire pour emporter ce lièvre ? je n'ai rien pour le mettre, et je ne peux pas pourtant rentrer en ville avec cet animal sur mon épaule.

— Ah ! ça ne me regarde pas ; je suis convenu de vous livrer un lièvre, je vous le livre, j'ai rempli mon marché ; mais je ne suis pas convenu de vous le porter en ville ; si vous voulez que je me charge de cette commission, ce sera dix sous.

— Ne soyez pas embarrassé pour porter votre lièvre, nous vous le porterons gratis, »

dit tout à coup une grosse voix, qui fit sur
nos deux braconniers l'effet d'un coup de
tonnerre. Ils se retournèrent du côté d'où
partait cette voix, et ils aperçurent le brigadier Saint-Hubert, avec son képi, son
habit vert, son baudrier, sa plaque aux
armes de la marquise, ayant à la main son
fusil à deux coups. A cette vue Paul pâlit,
laissa tomber le lièvre qu'il tenait à deux
mains, et resta tout tremblant et comme
cloué sur place. Blondin, plus habitué à de
semblables alertes, bondit tout à coup et
prit sa course vers la prairie. « Halte-là ! »
cria Saint-Hubert; et comme l'autre cou-
rait toujours : « Alerte ! Finaud, cria-t-il de
nouveau, attrape ! attrape ! » Et Finaud
s'élança en aboyant. En quelques sauts il eut
atteint le fuyard, et, le saisissant par sa
blouse, qu'il déchira, il le força de s'arrêter.

« Rappelez votre chien, hurla Blondin, je
me rends.

— A la bonne heure ! mais ne fais pas mine de recommencer, ou je t'enverrai dans les fesses des dragées qui courent plus vite encore que mon chien. » Et en disant ces mots il faisait le simulacre de mettre en joue son fusil dans la direction de Blondin.

« C'est inutile de brûler votre poudre, brigadier, dit en ce moment Labroussaille, qui sortit d'un buisson tout près de Blondin, et lui mit la main sur le collet ; ne craignez pas qu'il s'échappe maintenant.

— Ah ! ah ! mes gaillards, nous vous tenons cette fois ; vous allez nous suivre chez le commissaire de police, et de là en prison. »

Paul se mit à sangloter. Blondin, relevant la tête avec audace, dit en regardant en face le brigadier : « Vous n'avez pas le droit de nous arrêter, ni surtout de nous maltraiter comme vous l'avez fait tout à l'heure en lançant votre chien contre moi.

Après tout, nous ne sommes coupables que d'un délit de chasse; vous savez qui nous sommes; vous n'avez que le droit de dresser un procès-verbal et de vous emparer du corps du délit; mais vous devez nous laisser libres.

— Entends-tu, Labroussaille, comment chante ce jeune coq? Ça veut, je crois, nous apprendre notre métier, tandis que ce n'est bon qu'à former des braconniers en s'adressant à des moutards comme celui-là. Attends, je vais lui rabattre son caquet. Dis donc, mon savant avocat forestier, pourrais-tu me dire ce qu'il en coûte pour voler de l'argent et des bijoux? Il ne s'agit pas ici de lièvres ni de lapins.

— Je ne vous comprends pas.

— Je vais m'expliquer plus clairement. Pourrais-tu me dire ce qu'est devenu certain porte-monnaie contenant une somme d'argent assez ronde et un médaillon en or?

— Je ne vous comprends pas davantage.

— Bah! on t'accuse pourtant d'avoir trouvé et d'avoir gardé un porte-monnaie que Mlle Julie, la femme de chambre de Madame, a perdu vers le gros chêne, justement près de l'endroit où tu as tendu tes premiers collets.

— On m'accuse de cela, moi?

— Toi ou ton camarade; ce qui revient au même, car tu es son complice, ou il est le tien.

— Je vous jure que nous n'avons rien trouvé, ni lui ni moi; à preuve, vous pouvez nous fouiller de la tête aux pieds.

— Et moi... moi au... aussi, dit Paul en sanglotant.

— Oh! vous fouiller, cela ne prouverait pas grand'chose; on n'a pas l'imprudence de laisser sur soi un objet qu'il est si facile de cacher quelque part...

— Attendez... s'écria tout à coup Blondin, comme frappé d'une idée subite; vous

dites que le porte-monnaie a été perdu
près du gros chêne : savez-vous à quelle
heure?

— De dix à onze heures du matin.

— C'est cela. Je connais celui qui l'a
trouvé.

— Comment ! vous connaissez, dites-vous,
celui qui a trouvé le porte-monnaie? dit
Paul.

— Eh! oui, je le connais, et vous aussi ;
c'est votre sournois de camarade Ferdinand
Blomet.

— Et qui est ce Ferdinand Blomet? interrogea le brigadier : encore un de vos asso-
ciés, sans doute?

— Moi je le connais fort peu ; mais c'est
un ami, un camarade de M. Paul Dubuisson que voilà.

— Et tu es sûr, Blondin, que c'est lui qui
a trouvé le porte-monnaie?

— J'en suis sûr et certain comme de mon existence. »

Le brigadier ayant dit quelques mots à l'oreille du garde, celui-ci fit un signe d'assentiment ; alors Saint-Hubert reprit à haute voix : « Dans tout cela il y a du louche ; allons chez le commissaire de police, l'affaire s'éclaircira devant lui. »

Paul voulut en vain réclamer. « Mais, monsieur le brigadier, je suis le fils de M. Dubuisson, l'un des principaux bourgeois de la ville ; ne m'emmenez pas, je vous en conjure, comme un malfaiteur.

— J'en suis fâché ; mais voilà à quoi l'on s'expose en fréquentant les mauvaises compagnies et en achetant des lièvres et des lapins qu'on sait être volés ; tout cela, je vous le répète, s'éclaircira devant le commissaire. »

Force fut d'obéir ; et Paul et Blondin traversèrent la ville escortés des deux gardes,

qui les conduisirent chez le commissaire.
On juge quel esclandre cela occasionna.
Mlle Julie, qui depuis une heure était aux
aguets des nouvelles, en voyant passer les
gardes et les deux jeunes gens, courut interroger le brigadier. Celui-ci s'empressa de
lui répéter ce que lui avait dit Blondin, que
son porte-monnaie avait été trouvé par un
jeune homme nommé Ferdinand Blomet, qui
paraissait le camarade de ceux qu'ils emme-
naient chez le commissaire.

En ce moment une troupe d'enfants de
l'école suivait à distance les deux gardes
et leurs prisonniers, s'entretenant à voix
basse du délit qu'avait pu commettre Paul
Dubuisson. Mlle Julie alla droit à eux, et
leur demanda sans préambule s'ils connais-
saient Ferdinand Blomet. « Le voilà! le
voilà! » répétèrent aussitôt une dizaine de
voix.

« Est-ce vrai, lui dit-elle d'un ton rude,

que vous avez trouvé tantôt à la Garenne un porte-monnaie contenant une somme d'argent et un bijou de prix? »

Ferdinand rougit à cette brusque interpellation, et hésita de répondre.

« Vos camarades, que conduisent les gardes, ajouta Mlle Julie, vous en accusent, et vous allez venir vous expliquer devant le commissaire. »

A ces mots d'accusation, l'âme candide de Ferdinand se révolta. « De quoi m'accuse-t-on, dites-vous? demanda-t-il.

— On vous accuse d'avoir trouvé un porte-monnaie et de vous en être emparé : est-ce vrai, oui ou non? répondez-moi, car ce porte-monnaie m'appartient.

— Il est vrai que j'ai trouvé un porte-monnaie; mais je ne m'en suis point emparé. Je ne l'ai plus maintenant; si vous voulez en avoir des nouvelles, adressez-vous à M. le curé.

— A M. le curé, dites-vous ? Madame y est précisément dans ce moment-ci ; en ce cas, venez avec moi.

— Volontiers. » Et Ferdinand, accompagné d'Alexis et de quelques-uns de ses camarades, suivit Mlle Julie. Les autres se rendirent chez le commissaire.

« Comment ! dit en route Alexis à son ami, tu avais trouvé ce porte-monnaie, et tu ne m'en as pas parlé !

— Maman me l'avait défendu ; mais sois tranquille, tu n'auras pas à rougir de ton ami.

— Je n'en ai jamais douté, » répondit Alexis en lui serrant la main.

En arrivant à la cure, Mlle Julie se fit annoncer, comme nous l'avons dit à la fin du chapitre précédent.

VII

Le banquet de la Saint-Nicolas.

« Vous permettez, dit la marquise à
M. le curé, que je fasse entrer ma femme
de chambre pour savoir ce qu'elle me veut
de si pressé.

— Certainement, Madame, » répondit le
curé.

Julie entra aussitôt, et raconta avec feu
la rencontre qu'elle venait de faire des deux
gardes de Madame conduisant chez le commissaire deux braconniers, lesquels avaient

3*

dénoncé un enfant nommé Ferdinand Blomet comme ayant trouvé le porte-monnaie
dans la Garenne ; comment elle avait découvert ce petit bonhomme, qu'elle regardait comme un mauvais sujet précoce ; qu'il
avait avoué avoir trouvé le porte-monnaie,
mais qu'il avait refusé de dire ce qu'il en
avait fait ; qu'alors elle avait voulu le com-
duire chez le commissaire, mais qu'il avait
demandé à venir chez M. le curé ; ce à quoi
elle avait acquiescé, sachant que Madame
s'y trouvait, et qu'elle serait peut-être bien
aise de l'interroger elle-même.

« Oh ! pour cela, vous avez parfaitement
deviné, dit la marquise. Où est-il, cet enfant, que je le voie bien vite ?

— Il est dans l'antichambre avec trois ou
quatre de ses camarades.

— Voulez-vous, monsieur le curé, qu'on
les fasse tous entrer ? ce sera, je crois, une
utile leçon pour eux.

— Certainement, Madame, et je vais les introduire moi-même. »

Aussitôt, ouvrant la porte, il dit : « Entrez, mes enfants, entrez ; » puis il les nommait à mesure : « Louis Mayet, Alexis Madurier, Ferdinand Blomet. »

A ce dernier nom, la marquise regarda attentivement l'enfant qui le portait, et lui adressant directement la parole : « Ferdinand, lui dit-elle avec bonté, approchez, mon ami ; venez que je vous embrasse pour vous remercier du service que vous m'avez rendu aujourd'hui. » Et elle l'embrassa avec effusion.

Mlle Julie regardait avec étonnement sa maîtresse, ne comprenant rien à sa façon d'agir. « Julie, lui dit la marquise, vous regretterez amèrement tout à l'heure, j'en suis sûre, la manière dont vous avez traité cet enfant, et le jugement téméraire que vous avez porté sur son compte. C'est lui

effectivement qui a trouvé votre porte-
monnaie ; mais, loin de songer à se l'approprier, lui et sa mère n'ont pensé qu'au
moyen de le rendre le plus promptement
possible à qui il appartenait. Combien y
avait-il au juste dans votre porte-monnaie ?

— Madame, il y avait quatre-vingt-dix-
huit francs cinquante centimes en cinq
pièces d'or, deux pièces de cinq francs d'ar
gent, et le reste en menue monnaie.

— Vérifiez si c'est bien là votre compte, »
ajouta-t-elle en lui présentant son porte-
monnaie.

Mlle Julie compta pièce à pièce, et dit :
« C'est très-exact : ce sont bien les mêmes
pièces ; mais je ne vois pas votre médaillon.

— Le voici ; vous comprenez que je ne
sois plus tentée de vous le confier. Maintenant, mon ami, ajouta-t-elle en s'adressant à Ferdinand, contez-nous, je vous

prie, comment vous avez trouvé ce porte-monnaie, et ce que vous en avez fait jusqu'à ce qu'il ait été remis entre les mains de M. le curé.

Ferdinand, après quelques instants d'hésitation, commença son récit, et le fit d'un bout à l'autre sans rien omettre et avec une naïveté charmante. Quand il eut raconté ce que sa mère lui avait dit au sujet des objets trouvés, que l'on ne pouvait s'approprier sans commettre un vol, elle lui fit répéter les paroles de sa mère; puis, s'adressant aux autres enfants qui étaient là, elle leur dit : « Mes amis, n'oubliez jamais la leçon que cette mère vertueuse a donnée à son fils; c'est une vérité qui n'est malheureusement que trop ignorée du plus grand nombre aujourd'hui. »

Quand il eut terminé son récit, Mme la marquise lui dit : « Maintenant, mon ami, que vous m'avez fait un bien grand plaisir en me rendant mon cher médaillon, il est juste que je fasse aussi quelque chose pour vous : voyons, dites-moi ce qui pourrait vous faire plaisir.

— Eh bien ! Madame, dit-il après avoir longtemps hésité, une chose qui me ferait bien plaisir serait de pouvoir faire jeudi prochain la Saint-Nicolas avec mes camarades ; j'avais compté pour cela sur quatre lapins que j'avais ; mais je les ai perdus ce matin, de sorte que maintenant je ne pourrai participer à la fête si vous ne me venez en aide.

— Oh ! de grand cœur, s'écria la marquise en riant de tout son cœur. Oui, mon ami, soyez tranquille ; je veux vous dédommager amplement de la perte que vous avez faite. » Tous les assistants, et plus d'un des camarades de Ferdinand, — il y en avait trois ou quatre autres outre ceux que nous avons nommés, — souriaient de

sa naïveté, de sa simplicité, que quelques-
uns appelaient de la bêtise.

En ce moment le secrétaire du commissaire de police demanda la permission d'entrer. Il venait au nom de ce magistrat réclamer la déclaration de Ferdinand, d'Alexis
et de quelques autres, pour reconnaître
quatre lapins, trouvés au domicile de Paul
Dubuisson, comme étant ceux qui avaient
appartenu à Ferdinand; on croyait d'abord
qu'ils avaient été perdus; mais ils avaient
été volés par Blondin, qui s'était vu forcé
d'en faire l'aveu.

Les enfants prirent congé de M. le curé
et de la marquise; et quand ils furent
sortis, celle-ci dit au pasteur : « Vous avez
tenu parole à la veuve Blomet; mais il
semble que la Providence ait voulu me
faire connaître elle-même le nom de cette
femme, afin de me tracer mes devoirs à son
égard. Voici, monsieur le curé, ce que j'ai

résolu de faire pour elle. Je cherche depuis quelque temps une femme de charge ; il me faut une personne honnête, laborieuse, probe par-dessus tout : je crois qu'il me serait difficile de mieux rencontrer.

— Je le crois comme vous, Madame, et je suis persuadé qu'elle a toute la capacité et les qualités nécessaires pour remplir cet emploi.

— Je la prendrai avec son fils, dont je soignerai l'éducation pour tâcher de l'attacher aussi à ma maison. Dans notre position, on est trop heureux quand on peut s'entourer de gens sur lesquels on puisse compter. Je pense, monsieur le curé, que cette manière de témoigner ma reconnaissance à la veuve Blomet ne saurait la blesser. Aurez-vous la bonté de sonder ses dispositions et de m'en faire part ?

— Avec plaisir, Madame ; vous pouvez compter sur moi. »

Le jeudi suivant, jour de saint Nicolas, un domestique du château apporta chez Mme Blomet un magnifique pâté de lièvre, de perdreaux, de lapins, avec une lettre adressée à la veuve. Cette lettre indiquait le choix qu'on avait fait d'elle pour l'emploi de femme de charge, aux appointements de six cents francs, avec le logement, la nourriture, etc., au château pour elle et son fils. Un post-scriptum indiquait que le pâté était destiné à fournir le contingent de Ferdinand pour le pique-nique de la Saint-Nicolas.

Nous n'avons pas besoin de dire si ce patron des écoliers fut joyeusement fêté.

Cependant il y manquait un des convives qui aurait dû en faire partie. Paul Dubuisson, compromis dans plusieurs délits reprochés à Blondin, avait été mis en prison. Il y resta trois semaines, puis fut élargi. Quant à Blondin, il a été condamné à passer quatre ans dans une maison de correction.

Quinze ans après les événements que nous venons de raconter, Ferdinand Blomet, que la marquise avait envoyé pendant trois ans à l'école de Grignon, devenu régisseur du château de Grosbois, épousait la sœur de son ami intime Alexis Madurier. Celui-ci avait remplacé son père dans les fonctions de contre-maître de l'usine de la ville, et nos deux amis, devenus frères, ne faisaient presque qu'une même famille. La veuve Blomet remplissait toujours dignement son emploi de femme de charge, et Mme la marquise s'applaudissait chaque jour de ce que la perte momentanée de son médaillon lui avait fait trouver deux excellents serviteurs.

FIN

TABLE

—

I. — Projet de fête 7

II. — Les lapins de Ferdinand. 17

III. — Il ne suffit pas de faire le bien, il faut
encore savoir le faire. 38

IV. — Ce que trouva Ferdinand en cherchant ses
lapins. 49

V. — Les deux veuves. 67

VI. — Ce que trouvèrent les gardes de Mme la
marquise en cherchant le porte-monnaie de Mlle Julie. 82

VII. — Le banquet de la Saint-Nicolas 97

5986. — TOURS, IMPR. MAME